NAPOLÉON III

OU

LA HONTE NATIONALE

PAR ÉMILE DEHAU

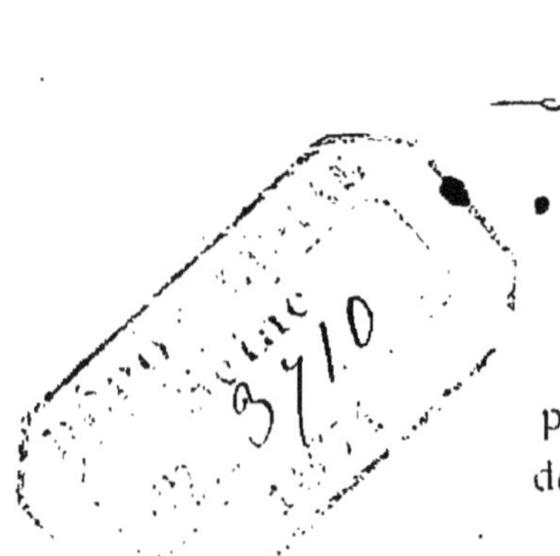

> Nul en venant au monde n'apporte avec lui le droit de commander aux autres.
>
> LAMENNAIS.

PARIS

IMPRIMERIE AUGUSTE VALLÉE

16, RUE DU CROISSANT, 16

1871

AU LECTEUR

A l'heure où le parti bonapartiste relève impudemment la tête, essayant de faire retomber sur la République la responsabilité de nos malheurs, il m'a paru utile de reproduire en quelques pages l'histoire du criminel auteur de la dernière guerre. Mon but sera atteint, si j'ai fait passer dans vos cœurs, en même temps que l'amour des institutions libres, la haine vigoureuse que le mien ressent pour tous les prétendus sauveurs de peuples...

E. D.

NAPOLÉON III

ou

LA HONTE NATIONALE

CHAPITRE PREMIER

NAISSANCE DE LOUIS-NAPOLÉON — SES PREMIÈRES ANNÉES
SA JEUNESSE

Depuis la chute méritée du premier Empereur, dont la coupable ambition avait deux fois livré la France à l'invasion, les membres de la famille impériale vivaient sans prestige dispersés à l'étranger. Celui qui avait fait tant de veuves et d'orphelins, et pendant tant d'années porté le fer et le feu dans toutes les contrées de l'Europe, était mort dans une île anglaise, à Sainte-Hélène, en 1821. Son fils, adolescent souffreteux, s'était éteint quelques années plus tard, oublié de tous, à la cour d'Autriche.

Napoléon (Charles-Louis) naquit le 20 avril 1808. Sa mère, Hortense-Eugénie de Beauharnais, avait été, sur un ordre de l'Empereur, obligée d'épouser Louis Bonaparte, roi de Hollande. Aussi cette union ne fut pas heureuse, et bientôt la conduite scandaleuse de la jeune reine, et ses amours qu'elle ne se donnait même pas la peine d'entourer du plus léger voile, donnèrent naissance à de violentes querelles. Pour se soustraire à la juste colère de son époux outragé, Hortense vint faire ses couches à Paris. Les historiens les plus accrédités ont depuis lors attribué la paternité du jeune prince Charles-Louis à l'amiral hollandais Verrhuel. Ce qui est hors de doute, c'est que, pendant toute l'année 1807, cette liaison fut hautement affichée à la cour d'Amsterdam.

L'empire tombé, le roi de Hollande se réfugia en Italie, et Hortense vint avec ses deux fils habiter le château d'Arenemberg, petit manoir situé en Suisse, entre Schaffouse et Constance. Là elle élevait ses enfants, secondée dans ces soins par MM. Lebas et Vieillard ; elle leur faisait des récits enflammés de la grandeur passée des Napoléon, leur montrant le trône de France en perspective, comme si elle eût voulu les préparer dès leur première jeunesse, à jouer le rôle de conspirateurs et de prétendants. Cette éducation funeste devait porter ses fruits, et nous en payons la peine aujourd'hui.

Charles-Louis n'avait encore qu'une vingtaine d'années quand, avec son frère, il prit part au mouvement insurrectionnel que les sociétés secrètes italiennes fomentèrent en 1831, contre la domination autrichienne et les princes alliés du pape. — Le mouvement avorta ; les jeunes princes n'attendirent pas l'arrivée des Autrichiens pour abandonner leurs compagnons. Atteints tous deux de la rougeole, l'aîné succomba à Forli ; Louis Napoléon, plus heureux, dut la vie aux soins de sa mère qui parvint bientôt à le faire échapper, grâce à un passeport anglais.

CHAPITRE II

INTRIGUES BONAPARTISTES SOUS LE RÈGNE DE LOUIS-PHILIPPE — STRASBOURG — BOULOGNE

Après cette folle équipée, le prince Louis était retourné penaud et confus au château d'Arenemberg. Les intrigues d'Hortense, l'arrivée de quelques aventuriers politiques, y rallumèrent le foyer presque éteint du bonapartisme. C'est alors qu'il fait la connaissance d'un nommé Fialin, ancien sous officier de cavalerie, plus tard duc de Persigny, sénateur, membre du Conseil privé et une des colonnes du second empire.

Fialin, d'abord royaliste avancé, avait été, paraît-il,

converti à la cause bonapartiste par la lecture du *Mémorial de Sainte-Hélène*. Introduit au château sur une lettre de recommandation du poëte Belmontet, il prend aussitôt l'influence la plus grande sur l'esprit de Louis-Napoléon, devient son ami intime et son secrétaire.

Avec leur imagination inquiète et leur esprit d'aventure, les deux amis ne pouvaient longtemps demeurer en repos. Ils ruminèrent tour à tour divers plans de conspiration. La connaissance qu'ils firent à Baden du colonel d'artillerie Vaudrey, gagné à leur cause par les charmes d'une ancienne actrice, madame Gordon, les détermina à tenter un coup de main sur Strasbourg. Comptant sur la défection des troupes et le concours des populations, le prince croyait marcher triomphalement sur Paris, à l'exemple de son oncle revenant de l'île d'Elbe.

L'entreprise échoua devant la fidélité des troupes. Charles-Louis fut fait prisonnier. Mais bientôt Louis-Philippe lui accordait sa grâce et poussait même la générosité jusqu'à lui faire remettre seize mille francs en or au moment où il s'embarquait pour les Etats-Unis. Louis-Napoléon prouvera bientôt sa reconnaissance en essayant l'expédition de Boulogne, et plus tard en confisquant les biens de la famille d'Orléans.

Malgré l'engagement formel qu'il avait pris de demeurer dix ans en Amérique, le prince Louis débarque à Boulogne, le 5 août 1840, avec ses fidèles Fialin, Vaudrey, Mésonan, Bacciochi, le docteur Conneau et une quarantaine d'aventuriers revêtus de tuniques militaires et dans un état complet d'ivresse, ainsi que l'a déposé devant la Haute-Cour des Pairs le capitaine du navire anglais qui les avait amenés. Ses espérances s'appuyaient surtout sur les besoins pécuniaires du général Magnan, qui commandait la place de Lille.

A Boulogne comme à Strasbourg, la discipline de l'armée eut facilement raison d'une tentative aussi ridicule qu'insensée. Après avoir tiré un coup de pistolet sur un sergent, le prince s'enfuit à toutes jambes, abandonnant sur le champ de bataille son état major de comédiens ambulants, un aigle vivant et un petit chapeau. Traduit devant la Cour des Pairs, il fut, cette fois, condamné à l'internement dans le château de Ham, en Picardie. Là, tout à coup, pensant mieux servir ses intérêts, il change de masque et se dit républicain. Il parvient à capter la confiance de l'honnête Frédéric Degeorge, rédacteur en chef du *Progrès du Pas-de-Calais*, et bientôt il publie dans ce journal, entre autres articles, une étude sur l'extinction du paupérisme. Le régime de la prison était singulièrement adouci pour lui, bien qu'il se plaignit plus tard de son douloureux martyre. Peut-être un jour se plaindra-t-il aussi des mauvais traitements de son bon frère de Prusse au château de Willemsohe. Il montait fréquemment à cheval, avait une table magnifiquement servie, recevait les visites assidues d'une jeune blanchisseuse qui lui donna deux enfants, et correspondait en toute liberté avec les hommes célèbres de l'Europe. Beaucoup, n'est-ce pas, s'accommoderaient d'un pareil martyre ?

En mai 1845, avec l'aide du docteur Conneau, son compagnon de captivité, il trompe la surveillance de ses gardiens et parvient à gagner l'Angleterre. Présenté dans quelques salons par son cousin Jérôme Napoléon, célèbre depuis par sa lâcheté comme d'autres le sont par leur courage, il y obtint peu de succès. Ce jeune homme au visage terreux, aux yeux ternes, toujours baissés, rêveur de bas étage, quelque peu chevalier d'industrie, ne pouvait guère rencontrer de sympathies au milieu de la fière noblesse britannique.

CHAPITRE III

LA RÉVOLUTION DE 1848 — LA RÉPUBLIQUE EN FRANCE
AGITATION BONAPARTISTE

Le prince Louis menait à Londres une vie misérable quand éclata la Révolution de 1848. L'entêtement du vieux roi Louis-Philippe, son obstination à conserver des ministres aussi impopulaires que MM. Guizot et Duchâtel, avaient lassé la patience de la nation. La Chambre, de son côté, ne représentait plus les aspirations du pays. On se rappelle qu'à cette époque, il fallait, pour être électeur, payer deux cents francs de contributions directes.

Voilà le beau système que les royalistes de l'Assemblée de Versailles, hommes d'un autre âge, voudraient nous ramener aujourd'hui.

La République proclamée en France, le conspirateur éternel Fialin songe à exploiter la situation toujours difficile d'un gouvernement nouveau. Il décide le prince à venir à Paris ; mais, sur l'ordre d'Armand Marrast, il dut retourner immédiatement à Londres. Après le 15 mai, ses fidèles parviennent à le tirer de son apathie. Il envoie son adhésion au gouvernement et, pour gagner des créatures, remet à ses émissaires les banknotes extorquées à madame Gordon. Bientôt s'impriment de grossières lithographies reproduisant les hauts faits et gestes des Napoléon, puis des brochures que l'on distribue gratis, puis des journaux avec des titres effrontément bonapartistes ; enfin, la fameuse société des Décembraillards est fondée. Ces intrigues réussirent : la Seine et trois autres départements, oubliant le passé de Louis-Napoléon, l'envoyèrent à la Constituante. Déjà un journal, *le Napoléonien*, le proposait pour président ; d'autres feuilles le voulaient consul ; des réunions d'ouvriers séduits par de fallacieuses promesses parlaient, au cabaret, de l'imposer par la force à l'Assemblée nationale. En vain Ledru Rollin dénonce énergiquement à la tribune ces coupables manœuvres, les fréquentes distributions de vin faites par les agents du prince en son nom, leurs tentatives d'embauchage : le gouvernement républicain s'obstine à ne pas voir le danger qui le menace et s'endort de plus belle dans une regrettable sécurité.

Bientôt la dissolution des ateliers nationaux et les excitations provoquées en dessous main par l'or bonapartiste amenaient la terrible insurrection de juin. A côté d'ouvriers honnêtes, convaincus, qui croyaient sauver la République en faisant des barricades, nous trouvons les agents de Louis-Napoléon, et, parmi les

meurtriers du général de Bréa, deux de ses séïdes.
C'est ainsi que dans toutes les pages lugubres de notre
histoire, voire même dans les derniers incendies de
Paris, on découvre l'influence sinistre de celui qu'on
n'appelle plus aujourd'hui que « l'homme de Sedan. »

L'insurrection écrasée, l'Assemblée pouvait sauver
la liberté en choisissant elle-même le président. Mais
non : le bon sens politique lui manquait : elle repousse
l'amendement Grévy et laisse tomber son pouvoir aux
mains des factions.

CHAPITRE IV

PRÉSIDENCE DE LOUIS-NAPOLÉON — TRIOMPHE DE LA RÉACTION — EXPÉDITION ROMAINE.

Si les républicains s'endormaient dans une molle
quiétude après s'être entretués, le parti bonapartiste
gagnait chaque jour du terrain et s'attachait de nouvelles recrues. La terreur inspirée à la bourgeoisie
par le trop fameux spectre rouge, les espérances cléri-
cales surexcitées par les Montalembert et les Falloux,
la légende du grand homme habilement colportée
dans les provinces donnèrent à Louis-Napoléon, au
jour du vote, le 10 décembre 1849, une majorité écra-
sante contre Cavaignac. Pendant que les amis sin-
cères du Droit et de la Liberté déploraient un pareil
résultat, la joie était grande dans le camp conserva-
teur : orléanistes, légitimistes, cléricaux étant bien
persuadés tous que le Président ferait la contre-révo-
lution à leur profit. Leur illusion devait être de courte
durée.

Les progrès de la réaction allaient grandissant : de
la République le nom seul restait. M. de Malleville,
ministre de l'intérieur, jaloux de sa dignité, après
avoir refusé de communiquer au prince les dossiers de
Strasbourg et de Boulogne, cédait sa place à un ministre plus complaisant. A l'Assemblée ce n'é aient
que vaines taquineries, récriminations stériles, quand
surgit la question romaine. Le peuple romain avait

reconquis son indépendance. Les clameurs du parti clérical entraînent la majorité à prendre en main la cause du Pape, au mépris de l'article 5 de la Constitution.

L'expédition romaine fut décidée malgré les efforts de M. Ledru-Rollin, qui proposa, sans succès, la mise en accusation du président. On vit alors, chose monstrueuse, notre vaillante armée réduite au rôle de gendarme imposer, par la force, à une République amie, un pouvoir décrépit.

Bientôt les journaux hostiles sont supprimés; la Terreur plane sur l'Assemblée; on décrète d'accusation trente-trois représentants, malgré l'inviolabilité attachée à leur mandat. Le ministre de la justice, Dufaure, présente cauteleusement une loi qui réprime le délit d'offense envers la personne du président, proclame l'état de siége et prodigue la déportation. A partir de ce moment, être républicain devient un crime. Les cléricaux tentent d'accaparer l'enseignement pendant que le pouvoir exécutif se fait bien venir de l'armée; la police fait partout arracher les arbres de la Liberté, symbole naïf de l'émancipation d'un peuple; enfin on propage sournoisement l'idée que la Constitution doit être révisée. La désunion est complète au sein des partis. Un coup d'Etat sera possible à la première occasion favorable.

L'expédition de Kabylie, injustement entreprise contre les populations inoffensives de la montagne, servit de prétexte à la nomination de généraux dont Fleury, l'âme damnée de Louis-Napoléon, avait d'avance acheté l'épée. Canrobert, Espinasse, Saint-Arnaud sont de cette fournée. Pendant ce temps, le Président parcourait les départements, et, dans des discours ambigus où jamais le mot de République n'était prononcé, prenait soin de dépopulariser l'Assemblée.

Pour faire face à ses dépenses et aux besoins incessants de ses complices, il avait recours à des expédients, à des emprunts, entre autres celui qu'il négocia auprès d'une riche anglaise, miss Howard. La loterie du Lingot d'or lui procura aussi une somme assez ronde. Cette vie de scandales et de débauches avait transpiré au dehors. A Paris, le Président était méprisé : on l'appelait familièrement Badinguet, terme d'argot qui s'applique à un ouvrier paresseux, débauché, coureur de mauvais lieux.

CHAPITRE V

LE COUP D'ÉTAT — SES SUITES

La position de Napoléon était devenue des plus précaires par suite du refus de l'Assemblée d'augmenter sa dotation : la prison pour dettes était là menaçante ; son entourage aux abois le pressait : il faut en finir. Au mois d'octobre, époque des changements de garnison, il fait venir dans la capitale des régiments d'Afrique dont les chefs lui sont entièrement acquis. Quelques banquets, des distributions d'argent, des promesses adroitement répandues, préparèrent merveilleusement officiers et soldats. Qu'avait-il d'ailleurs à redouter? Rien de la Bourgeoisie, qui laisserait certainement tout faire par peur de la République ; de la garde nationale pas davantage ; et si certains bataillons devaient avoir quelque velléité de résistance, le juif portugais Vieyra se chargeait d'empêcher qu'on battît le rappel. Saint-Arnaud, l'homme de sac et de corde, l'espion de la duchesse de Berry, l'officier indigne deux fois destitué, était ministre de la guerre ; Magnan, l'ancien protégé du duc d'Orléans, besoigneux de plus en plus, commandait à Paris ; de Morny, fils adultérin de la reine Hortense et du comte de Flahaut, viveur ruiné, qu'entretenait une des célébrités galantes de Paris, madame Lehon, était l'homme d'action à l'intérieur ; Fleury était chargé de racoler les officiers de l'armée (sous l'Empire, il devint le négociateur en chef des intrigues amoureuses du Maître). Maupas, homme taré, commandait à la Préfecture de police ; Persigny était en permanence à l'Élysée, gardant à vue le Président, de peur d'une reculade. Tels sont les principaux héros du sauvetage de Décembre.

Paris, pris à la gorge au milieu d'une nuit obscure

par ces bandits, n'eut pas le temps de se reconnaître pour résister au guet-apens. Le coup d'Etat réussit. Les événements qui le suivirent sont connus de tous : arrestation nocturne des plus illustres représentants de la nation, violation de la haute cour de justice par un commissaire de police, abrité derrière un piquet de chasseurs ; massacres inutiles, transportations en masse, cours martiales, pleins pouvoirs d'emprisonner, de déporter, donnés aux généraux et aux préfets, basses rancunes lâchement satisfaites ; les foyers vides, les casemates et les pontons regorgeant de prisonniers. Et dire que cet épouvantable tableau de tant d'horreurs et de tant de crimes n'approche pas encore de la réalité !

Cette campagne de France, dans laquelle l'armée, au mépris de son honneur, foula aux pieds la Constitution et les lois, lui valut un supplément de solde aussi bien qu'une campagne à l'étranger. Une dictature terrible étreignit la France. Au lieu de flétrir d'aussi coupables attentats, le clergé y applaudit, et encensa des mains teintes encore du sang français. — Beaucoup se ralliaient : les ambitieux par intérêt, les timides par prudence. Les hommes de cœur et d'énergie, demeurés fidèles à la sainte cause du Droit, voguaient vers les colonies meurtrières de Cayenne ou de Lambessa. Bien peu, hélas ! devaient revoir le sol natal.

Le 14 janvier 1852 vit éclore une nouvelle Constitution qui remettait au Président le pouvoir pour dix ans, obligeait tous les fonctionnaires à prêter serment à ce parjure trop heureux ; lui confiait l'épargne de la France, lui donnait le droit, dont il devait si fort abuser, de faire seul la paix ou la guerre, lui permettait de déclarer l'état de siége, enlevait aux élus du peuple le droit d'initiative et d'interpellation. Quelle puissance pourrait désormais s'opposer aux caprices et aux plus tyranniques volontés du Prince-Président ? — Ce n'est point le Sénat qu'il recrute à sa guise parmi les nullités et les transfuges de tous les partis. Aussi a-t-il besoin d'argent pour payer ses chevaux, ses maîtresses et les vils complaisants qui l'entourent ? le

Moniteur du 22 janvier annoncera à la France indignée la confiscation des biens patrimoniaux de la famille d'Orléans. La garde nationale peut se réveiller : il nommera directement les officiers. Les magistrats peuvent se souvenir des traditions respectées de leurs prédécesseurs : la loi sur la mise à la retraite pour limite d'âge épurera la Compagnie. Les journaux indépendants ne revendiqueront plus les droits du faible : l'autorisation préalable est là.

CHAPITRE VI

L'EMPIRE — LA CURÉE — LES PROSCRIPTIONS — MARIAGE
DE L'EMPEREUR

Depuis le mois de décembre 1851, l'empire existait de fait ; il devait bientôt être solennellement proclamé. Le 2 décembre 1852, le nouveau César-Auguste entre triomphalement dans sa bonne ville de Paris au bruit des acclamations commandées par la police.

Les acteurs du triste drame qui venait d'ensanglanter les rues ne tardèrent pas à recevoir la récompense de leurs crimes. Saint-Arnaud devint maréchal de France pour « *titres exceptionnels à la reconnaissance publique à l'occasion des services rendus en décembre* 1851 (*Moniteur* du 2 décembre 1852), grandécuyer et naturellement sénateur à 30,000 francs. Magnan, grand-veneur, maréchal, sénateur ; De Morny, ministre, etc. Les comparses se ruèrent à l'envi sur les dignités de chambellans, maîtres des cérémonies, écuyers, veneurs, postes de valets grassement payés ! Pauvre France !! Inutile de dire que le maître s'adjugea la part du lion. Et de même pendant tout le règne. C'est pourquoi l'on a pu dire et sans exagérer en rien que la fortune de l'ex-empereur s'élevait à plus de trois cents millions, grâce surtout au budget de la guerre qu'il mettait dans sa poche avec le concours de son compère Leboeuf. Combien de millions pour payer les dettes de ses maîtresses, alors que le Corps législatif, assemblée d'esclaves et de muets, refusait impitoyablement à chaque session quelques écus demandés pour le budget de l'instruction publique. Il est vrai que la lumière leur faisait peur !

L'Empire voulut avoir aussi son don de joyeuse entrée : il fit savoir aux femmes et aux enfants des proscrits que les portes de la France s'ouvriraient devant ceux qui demanderaient leur grâce. Grâce de quoi ? D'avoir lutté pour le maintien des lois, d'avoir combattu la tyrannie. Disons bien vite, à l'éternel honneur du parti républicain, que bien peu prêtèrent l'oreille à ces hypocrites avances.

Cependant le nouvel empereur songeait à se marier. Repoussé avec mépris par la petite cour du Wurtemberg, il ne fut pas plus heureux en Suède. Désespérant de s'allier jamais à aucune des races royales de l'Europe, il épouse, le 30 janvier 1853, mademoiselle de Montijo, comtesse de Téba, jeune Espagnole dévote et romanesque, recherchée pour sa beauté dans le grand monde parisien. Les journaux officieux célèbrent sur tous les tons cette singulière union. Les poëtes se mettent de la partie et vendent leur muse, les uns pour quelques louis, les autres pour un morceau de ruban. Au repas de famille, avant le coucher de la mariée, des choristes affublés d'oripeaux espagnols (ingénieuse flatterie) chantaient :

Célestes concerts,
Douce harmonie,
Glissez dans les airs.
Chantez la grâce unie
Au génie.
Chantez Eugénie
Et les amours
Durant toujours !

Madame Mélanie Valdor ne prévoyait pas alors Sedan et Marguerite Bellangé.

Jeune, belle et coquette, l'impératrice allait donner au luxe la plus vive impulsion. Vite, une commission de graves dignitaires, Troplong, président du Sénat, Abbatucci, garde des sceaux, Fortoul, ministre de l'instruction publique, se réunit pour régler les préséances, l'étiquette, le cérémonial. Il ne s'agit plus de savoir, comme au sénat romain, à quelle sauce le turbot sera mangé, mais s'il faut décréter le port de la culotte courte. L'Almanach impérial reparaît, de nouveaux nobles sont créés, le ruban rouge devient le but de toutes les courbettes, la récompense de toutes les trahisons. La France peut sourire : elle payera.

En 1856, Eugénie met au monde un enfant chétif et scrofuleux qui méritera plus tard, par son sang-froid sur le champ de bataille de Saarbruck, d'être appelé l'*Enfant de la balle*. L'heureux père se laisse aller à toute la joie que lui cause un pareil événement, et distribue à tort et à travers de nouvelles récompenses, de nouveaux rubans. L'enfant ondoyé, le troupeau des grands dignitaires fut admis à défiler devant le berceau impérial ; la bonne ville de Paris fit des souscriptions pour offrir une couchette toute or et dentelles ; l'impératrice fut marraine de tous les petits Français nés le même jour. Quant au parrain, la France, fille aînée de l'Eglise, ne pouvait en choisir un autre que le vieillard qui siège au Vatican.

CHAPITRE VII

LA GUERRE DE CRIMÉE — LES JEUX DE BOURSE
ATTENTAT D'ORSINI — NOUVELLES PROSCRIPTIONS

Dans l'unique but de faire oublier à la nation le crime de Décembre, auquel l'empire devait son origine, la guerre fut déclarée à la Russie, guerre terrible pendant laquelle nos soldats endurèrent les privations les plus grandes. Dans un discours prononcé à Bordeaux, Louis-Napoléon avait dit ces paroles devenues fameuses comme le plus impudent des mensonges : « L'Empire, c'est la paix. » Mais un souverain s'est-il jamais cru lié par ses paroles ou ses serments? Après nous avoir coûté beaucoup d'hommes et d'argent, la guerre de Crimée, qui ne nous rapportait d'autre avantage que celui d'avoir tiré les marrons du feu pour nos bons alliés les Anglais, se terminait par le Congrès de Paris en 1856.

Les représentants des puissances signèrent le traité avec une plume dérobée par M. Feuillet de Conches à l'aigle royal du Jardin des-Plantes ; l'impératrice daigna accrocher cette plume à jamais célèbre dans son cabinet de travail, et tout finit par une revue et de somptueux dîners.

Avec la liberté politique, la vie intellectuelle avait quitté Paris ; la multitude, ne pensant plus, se jetait à corps perdu dans les jouissances matérielles, et pour les satisfaire, se livrait avec frénésie aux jeux de bourse et aux spéculations les plus hasardeuses. L'exemple venait d'en haut : l'ancien associé de Mme Lehon, de Morny, grâce à des coups de bourse adroitement préparés, non-seulement avait indemnisé ses nombreux créanciers, mais encore avait acquis une fortune immense. Il était propriétaire de plusieurs hôtels à Paris, d'usines, de verreries aux environs de Valenciennes, et de terres considérables en Auvergne. Mais tous ne voyaient pas aussi clair que le frère utérin de l'empereur, tous ne pouvaient, à son exemple, répandre de fausses nouvelles, comme celle de la prise de Sébastopol, et en profiter sans vergogne. Aussi, à côté de fortunes rapidement édifiées, les fluctuations de bourse soudaines et imprévues amenaient-elles des ruines et des désastres sans nombre. Après la paix, ce fut le tour des commandites, des vastes entreprises, des concessions arrachées par l'intrigue et la corruption, des priviléges de toute nature mis en actions et escomptés à la Bourse.

A cause de son origine même, l'Empire n'était entouré que de gens tarés dont l'avidité était aussi insatiable que les besoins. Pour toutes ces raisons, les hautes leçons de morale articulées dans le *Moniteur*, à propos des scandales financiers, n'étaient prononcées que du bout des lèvres. La bande éhontée des courtisans et les spéculateurs qui leur faisaient cortége, se sentant soutenus par la logique du règne, faisaient peu de cas de ces belles phrases dont ils riaient sous cape.

En 1854, M. Haussmann fut nommé préfet de la Seine, malgré l'opposition de l'impératrice, dont le

**

bigotisme étroit lui faisait un crime d'appartenir à la religion protestante. A peine installé à l'Hôtel de-Ville, le nouvel administrateur bouleverse tous les quartiers, rogne, taille sans contrôle, sans égards pour tous les intérêts lésés. En peu de temps, le vieux Paris devient une ville neuve ; d s c sernes ou plutôt des forteresses sont construites de tous côtés ; de larges voies, percées dans les centres les plus populeux, rendront désormais plus faciles le passage des troupes et de l'artillerie. Gare à toi, pauvre peuple, si tu avais l'idée de secouer tes fers. Paris devenait en même temps le cabaret de l'Europe ; les princes du monde entier, oubliant tout décorum, venaient jeter les millions de leurs peuples aux pieds d'actrices de troisième ordre ; les courtisanes, gorgées de l'or des agioteurs, n'avaient à aucune époque de notre histoire déployé un luxe aussi insolent.

Pendant ce temps, que faisaient les républicains ? Isolés, traités en parias, repoussant dignement toutes avances, ils cherchaient des consolations dans le travail et l'étude, et songeant aux exilés qui souffraient sans faiblir au-delà des mers, ils attendaient avec patience le grand jour de la justice.

En 1852, toutes les associations avaient été brisées ; les causes de délits avaient été multipliées et les peines variées à l'infini : transportations, expulsions, éloignement momentané, internement, emprisonnement correctionnel, mise sous la surveillance de la haute police, privation des droits civiques. Les matelots du *Duguesclin*, du *Mogador*, du *Canada*, avaient vu, sans les plaindre, nos malheureux frères transportés ; leurs officiers leur disaient qu'on vidait les bagnes.

Si l'opinion publique paraissait se réveiller, aussitôt, afin de frapper d'épouvante la bourgeoisie, on annonçait à grand fracas la découverte d'une conspiration ou d'une société secrète, et les journaux stipendiés répétaient que la France n'était pas digne encore d'avoir le couronnement de l'édifice.

Il est vrai qu'à Paris, la jeunesse affirmait ses sympathies républicaines en poursuivant de ses huées Désiré Nisard qui avait eu le cynisme, en pleine chaire de Sorbonne, d'enseigner deux morales : l'une bonne pour le vulgaire, l'autre pour les hommes politiques. L'empereur dédommagea M. Nisard en lui ouvrant les portes du Sénat ; c'était bien là la place du professeur qui avait soulevé de dégoût les cœurs de tous les étudiants. Cette jeunesse, animée des plus généreux sentiments, s'honorait plus tard en accompagnant, malgré les arrestations et les brutalités des agents de Piétri, les glorieux cercueils de David d'Angers et de Lamennais.

Louis-Napoléon voyait avec colère ces manifestations, preuve évidente que les générations nouvelles s'éloignaient de lui avec horreur et ne se rallieraient jamais. L'attentat d'Orsini en 1858 lui parut un excellent prétexte pour forger une loi rétroactive, dite loi de sûreté générale, qui lui permettrait d'atteindre tous ceux qui lui étaient suspects et de déporter en bloc les derniers survivants du parti républicain.

Le général Espinasse, de honteuse mémoire, fut pour les besoins de la cause nommé ministre de l'intérieur. Il ne faillit point à sa tâche. Pourtant les auteurs du complot étaient quatre Italiens qui affirmèrent toujours, même sur les marches de l'échafaud, n'avoir eu en France aucun complice. Le seul mobile d'Orsini avait été la délivrance de l'Italie.

La loi nouvelle fit merveille et trouva des légistes habiles à l'interpréter. Le policier Granier de Cassagnac, qui sous tous les régimes avait ouvert ses poches vides devant le caissier des fonds secrets, se chargea de faire le rapport présenté par Espinasse et de dénoncer les hommes du parti qui gardaient le silence. La presse reçut le premier choc. Il fut même question d'imposer le serment de fidélité aux gérants des journaux et de spécifier les sujets à traiter. Suant la peur, le chef de l'Etat divisa la France en cinq grands commandements militaires. Il réorganisa ensuite la régence et institua le conseil privé, dont les membres, choisis parmi les personnages les plus compromis du coup d'Etat, touchaient cent mille francs par an.

Libre alors d'appréhensions dynastiques, il mit en

chasse ses généraux, ses préfets, ses procureurs avec
ordre de fournir chacun leur contingent. Dans leur
ardeur dévorante, ces pourvoyeurs d'un nouveau
genre, voulurent même arrêter des suspects déjà exilés ou morts depuis. Beaucoup qui croyaient finir
obscurément leurs jours au sein de leur famille, du-
rent reprendre tristement le chemin de l'exil. Paris,
loin de se laisser abattre, répondit en envoyant à la
Chambre, en remplacement de Cavaignac et de Carnot,
qui avaient refusé de prêter serment, un inconnu qui
avait fait une profession de foi républicaine, Ernest
Picard, et l'éloquent défenseur d'Orsini, Jules Favre,
qui depuis.....

La France alors croyait à ses vertus.

Déjà l'orgueil de l'Empereur avait été cruellement
froissé par le refus de la libre Angleterre de livrer les
réfugiés politiques. En vain Palmerston, alors premier
ministre, avait soutenu ces prétentions : le ministère
avait dû se retirer devant la réprobation unanime de
la Chambre des communes.

CHAPITRE VIII

DÉCADENCE UNIVERSELLE

Le but de Napoléon était d'enchaîner fatalement la
France entière aux institutions qu'il lui avait impo-
sées, de n'avoir dans ceux qu'il appelait complaisam-
ment ses fidèles sujets que des complices intéressés ;
partant, jamais un critique, encore moins un juge.
Aussi mit-il l'intérêt égoïste à l'ordre du jour, comme
le gardien le plus sûr de sa dynastie.

L'armée, composée de vieux soldats, était profondément séparée de la nation : par les réengagements,
elle était formée de prétoriens sans famille, sans pa-
trie, habitués à l'oisiveté des villes, soudards incapables de redevenir jamais des citoyens. Il avait créé
de nouveaux titres nobiliaires ; Fialin, Maupas, de
Morny, Montauban et leurs pareils devenaient ducs,

comtes et marquis, tout aussi bien que les descendants des croisés. Les sénateurs touchaient 30,000 fr. pour ne rien dire, ne rien faire ; les députés touchaient un peu moins, mais presque tous étaient de riches industriels, de riches propriétaires, et ils le prouvaient bien par leurs largesses au jour des élections. Le Corps législatif n'était plus qu'une machine à voter.

Dans les communes, les maires nommés directement par le pouvoir central qui s'était arrogé le droit exorbitant de les choisir même en dehors des conseils municipaux, protégés par l'article 75 de la constitution de l'an VIII, se considéraient comme de véritables pachas, et envoyaient promener les mécontents. Dans les tribunaux, par la limite d'âge, on créait des vacances avec assez de facilité, et toutes les places étaient données au favoritisme. Les journalistes étaient depuis 1852 enlacés dans les mille liens de l'autorisation, du timbre, du cautionnement, et, au bout de toutes ces entraves financières, ils pouvaient entrevoir la robe noire du juge correctionnel. Ajoutez à toutes ces rigueurs les poursuites administratives, les avertissements bientôt suivis de la suspension. Enfin l'Etat protégeait à outrance les journaux dits littéraires, échos des scandales de toute nature, comme pour accélérer encore la corruption déjà si rapide des mœurs ; il les laissait se multiplier, se répandre partout, et établissait ainsi une rude concurrence aux journaux politiques, qui n'avaient ni la mission ni le courage d'être amusants. Restait le Livre. Mais l'imprimeur, sous la menace constante de perdre son brevet, c'est-à-dire sa propriété et le plus souvent, son unique fortune, n'était plus qu'un censeur timoré allant par prudence soumettre ses scrupules à l'Administration.

Le clergé, pour qui le souverain avait tout fait, était reconnaissant en apparence. N'était-il pas de son intérêt de garder un régime qui autorisait si facilement les congrégations, donnait souvent aux églises et permettait les loteries religieuses? L'impératrice, ignorante comme une tête couronnée, et dévote comme une Espagnole, encourageait toutes les superstitions et croyait sincèrement aux miracles opérés par l'eau de la Salette. Par son influence, les canons pris à Sébastopol avaient été donnés gracieusement pour fonder la statue colossale de Notre Dame du Puy.

Le ministre de l'instruction publique, Fortoul, n'avait de son côté rien négligé pour ôter à l'Université toute velléité d'indépendance et la mettre au niveau des mœurs et des institutions nouvelles : en supprimant l'inamovibilité de ses professeurs, il tenait à sa merci leurs positions précaires. Le Collége de France avait également perdu ses franchises. Mais ce n'était pas encore assez d'avoir trouvé un corps enseignant si flexible ; il fallait un système capable d'atrophier les jeunes intelligences : d'où la bifurcation des études, la suppression des leçons de philosophie, un programme nouveau révisant l'histoire à la façon du père Loriquet et l'accommodant aux théories césariennes.

CHAPITRE IX

LA GUERRE D'ITALIE — LA GUERRE DU MEXIQUE — SITUATION
DES ESPRITS EN FRANCE

La politique de Bonaparte (je crois l'avoir suffisamment démontré), en faisant ainsi la nuit partout, avait été d'étouffer dans tous les cœurs l'amour de la liberté. Pour ce faire, tout avait été magnifiquement combiné ; et, chose triste à dire, appliquée à une nation moins bien douée que la France, cette politique odieuse eût parfaitement réussi.

Bientôt, cependant, le silence des partis et de la presse effraye Napoléon III, et comme pour faire diversion il se décide à tenter de nouveau la chance des armes. L'idée généreuse de déclarer la guerre à l'Autriche pour affranchir l'Italie fut-elle le seul mobile de sa détermination? Nous ne le pensons pas. Un pareil homme était incapable de désintéressement. C'est ailleurs qu'il faut chercher l'explication. Se rappelant le danger qu'il avait couru avec Orsini, instruit par ses souvenirs de jeunesse de la puissance des carbonari et de leurs ramifications étendues, redoutant l'arrivée en France de nouveaux émissaires de Mazzini, il voulut sans doute désarmer le parti national italien en lui donnant des gages.

Quoi qu'il en soit, la campagne, aussi mal conduite que possible, fut heureuse pour nos armes, grâce au courage héroïque des soldats. L'empereur, qui s'était réservé le commandement suprême (comme s'il avait jamais su autre chose que de conspirer dans l'ombre), faillit tomber aux mains des Autrichiens. Son heure n'était pas encore venue. Après la victoire de Solférino, on crut que fidèle à l'engagement qu'il avait pris devant la France entière, de rendre l'Italie libre jusqu'à l'Adriatique, il allait poursuivre ses succès et affranchir entièrement le peuple dont il avait pris la cause en main. Mais non ; il s'arrête brusquement, après l'entrevue de Villafranca, et le 14 août, rentre à la tête de son armée dans Paris stupéfait et mécontent.

Avons-nous au moins retiré quelque profit de ces victoires et du concours prêté à Victor-Emmanuel ? Point ; les conséquences de cette guerre furent désastreuses pour la France. En demeurant à mi-chemin de ses engagements, l'empereur, au lieu de s'attacher l'Italie, l'irrita profondément, l'obligea à se jeter plus tard dans les bras de Bismark, et demeura sans alliés quand éclata en 1870 la guerre de Prusse.

Le sang français n'avait pas encore assez coulé ; de nouveaux bataillons allaient être envoyés à la mort, dans l'unique but d'obtenir le remboursement des créances véreuses de M. de Morny et d'implanter un prince autrichien sur le trône du Mexique. Cette guerre désastreuse, commencée en 1864, se continua jusqu'en 1867. Maximilien, abandonné par le général Bazaine, tomba au pouvoir de Juarez. Condamné à mort comme usurpateur et bandit, il expia à Queretaro le crime d'avoir servi la politique bonapartiste et attenté à la souveraineté nationale d'un peuple. Sa jeune femme, sœur du roi des Belges, devint folle de désespoir. Quant à notre armée, la cour des Tuileries, effrayée de l'attitude du gouvernement républicain des Etats-Unis, lui avait envoyé l'ordre d'embarquer.

Ainsi finit cette guerre injuste ; si elle ne rapportait que de la honte au gouvernement impérial, en revanche elle coûtait à la France, en outre de son prestige militaire évanoui, six cents millions au moins et plus de cent mille hommes couchés sur la terre étrangère. Les mécontentements que cette guerre souleva, les désastres produits par l'emprunt mexicain, que l'empire avait si chaudement patronné, n'allaient pas tarder à réveiller l'opinion publique trop longtemps endormie.

CHAPITRE X

LES FINANCES SOUS L'EMPIRE — LE LIBRE-ÉCHANGE

Cette étude serait incomplète et ne dévoilerait pas d'une façon suffisamment claire la profondeur de l'abîme dans lequel Napoléon nous a précipités, si nous ne tracions ici un tableau abrégé de l'administration des finances sous l'Empire.

De 1852 à 1856, les dépenses générales de l'Etat (nous laissons de côté celles afférentes aux départements et aux communes) furent de 10 milliards 644 millions. De 1857 à 1861 elles s'élèvent à plus de 10 milliards ; de 1862 à 1866, à 11 milliards 106 millions. On le voit, la progression est toujours ascendante.

Au commencement de 1869, l'Empire avait déjà coûté à la France 37 milliards 500 millions, donnés en partie par les impôts directs et indirects. A cette somme énorme, il faut encore ajouter les emprunts publics ; les emprunts publics n'étant pas encore suffisants, on eut recours aux emprunts déguisés : conversions des rentes, conversions des obligations trentenaires, ventes des biens domaniaux, la caisse de dotation de l'armée, etc. Il fallait bien payer les guerres de Crimée, de Chine, d'Italie, du Mexique ; les travaux de luxe, les gros traitements, les nombreux cumuls les réceptions des souverains étrangers, les cadeaux à Marguerite Bellangé, les voyages de l'impératrice en Allemagne, en Egypte, en Turquie. Si le Corps législatif refusait obstinément d'élever à 500 fr. la pension des vieux instituteurs qui ont donné les premières leçons à nos enfants, par contre avec une docilité sans exemple, il accordait tout ce que demandait le maître. Les deux Républiques et trois gouvernements parlementaires ont créé le quart de la dette française en 45 ans ; les deux Empires ont créé les trois autres quarts en 35 ans.

Ennemi de toutes les libertés, Napoléon III avait cependant proclamé le principe de la liberté commerciale. Certes, nous sommes loin d'être l'ennemi du libre échange ; mais on peut critiquer sa trop brusque implantation qui devait compromettre les intérêts les plus sacrés de nos principales industries. Les théories commerciales du souverain étaient d'ailleurs bien étrangères à l'adoption du système. La haine dont il poursuivait l'ancienne bourgeoisie de Louis-Philippe, en raison du culte qu'elle conservait au fond du cœur pour les idées libérales, lui avait fait voir clair une fois dans sa vie. Il s'était dit : « Ruinons cette bourgeoisie qui ne viendra jamais à moi, et avec ses dépouilles, enrichissons une bourgeoisie nouvelle que l'intérêt et la reconnaissance attacheront d'une façon indissoluble à ma dynastie. » On a prétendu aussi, à l'époque, qu'un pot-de-vin de 10 millions encaissé par M. Rouher n'aurait pas été étranger à la conclusion du traité de commerce avec l'Angleterre. Cette supposition n'a rien que de vraisemblable, car personne ne pourra jamais croire que le vice-empereur ne possède pour toute fortune que quinze mille livres de rente, ainsi qu'il le déclarait effrontément, au mois de mars dernier, à l'honorable préfet du Pas-de-Calais.

CHAPITRE XI

LE PROCÈS BAUDIN — LES ÉLECTIONS DE 1869 — OLLIVIER
PREMIER MINISTRE — MORT DE VICTOR NOIR.

Nous allons passer en revue les fautes qui éloignèrent de plus en plus la nation de Louis-Napoléon et le précipitèrent vers le gouffre qui devait ensevelir sa dynastie. La guerre du Mexique avait été la première. L'Empereur vit dès lors sa fortune décroître et la mort lui enlever successivement ses plus fermes appuis. Ce fut d'abord le tour de de Morny, son bras droit et le principal auteur de la sinistre aventure de Décembre. Billaut le défenseur de sa politique devant les Chambres, et Walewski, le ministre des affaires étrangères le suivaient de près dans la tombe.

L'année 1868 fut remarquable par le procès que le gouvernement intenta aux journalistes qui avaient ouvert une souscription pour élever un monument au représentant Baudin mort sur une barricade pour la défense des lois, le 4 Décembre 1851. MM. Peyrat, Challemel-Lacour, Duret, Delescluze, Weiss, rédacteur en chef du *Journal de Paris*, plus tard serviteur d'Emile Olivier et de l'Empire, cités devant la 6e chambre, comparurent devant le juge prévaricateur qui jamais n'avait acquitté un prévenu, l'indigne Delesvaux. C'est dans la défense de Delescluze que se révéla au public l'immense talent oratoire de Léon Gambetta: le grand citoyen dont le patriotisme aurait sauvé la France dans la dernière campagne, si la France avait dû être sauvée.

Aux élections générales de 1869, l'opposition démocratique triompha à Paris, et dans la plupart des grandes villes la défaite des candidats gouvernementaux fut complète. La capitale avait bien manifesté la haine irréconciliable dont elle était animée contre l'Empire en préférant à Emile Olivier, déjà soupçonné d'avoir déserté son parti, un inconnu de la veille, mais proscrit de décembre, Désiré Bancel. Henri Rochefort, le célèbre auteur de la *Lanterne*, qui le premier avait divulgué en France les turpitudes de la cour des Tuileries, faillit passer de préférence à Jules Favre. Les électeurs de la première circonscription l'envoyèrent, au mois de novembre, siéger au Palais Bourbon.

Ces élections, dues au réveil de l'opinion publique, plaçaient l'Empereur dans une étrange perplexité. Tiendrait-il compte de ces aspirations, de cette soif de liberté dont la nation entière paraissait altérée ? Ou bien, étouffant toute discussion, éteignant toute lumière, reviendrait-il au despotisme des premières années. Malgré les efforts de Rouher, sophiste impudent qui avait érigé pendant plus de cinq ans le mensonge en système, sur les conseils de Clément Duvernois, le chef du gouvernement chargea M. Emile Ollivier de former un cabinet libéral. L'Empire parlementaire allait commencer : c'est-à-dire sous un autre nom la même politique de compression hypocrite inaugurée par Billault et si bien continuée par Rouher, Baroche et Pinard. Jamais les journalistes et les écrivains ne furent poursuivis avec autant d'acharnement. Le nouveau ministre, qui jadis s'était vanté d'être le spectre du Deux-Décembre, voulait effacer par les violences de son zèle réactionnaire le souvenir de ses antécédents républicains. Aussi dépassa t-il bientôt en rigueurs maladroites et inutiles ses prédécesseurs Pinard et Forcade de la Roquette.

Le 10 janvier, la nouvelle que Victor Noir, collaborateur de Rochefort à la *Marseillaise*, a été lâchement assassiné par le prince Pierre Bonaparte, plonge Paris dans la stupeur. Le 12, plus de cent mille personnes indignées se rendent à Neuilly pour accompagner à sa dernière demeure le corps de l'infortuné journaliste. Ce jour-là, l'empire et son digne ministre n'avaient rien négligé pour amener une collision. Malgré Flourens et Vermorel, qui voulaient engager la bataille, le bon sens du peuple et les exhortations de Rochefort l'emportèrent, et les plus exaltés renoncèrent à une lutte dont l'impossibilité matérielle était reconnue.

Rochefort a pu depuis commettre des fautes ; c'est une question hors de notre cadre et que nous n'avons pas à juger ici ; mais la démocratie française doit, sous peine d'ingratitude, reconnaître que, le 12 janvier, l'attitude du pamphlétaire arracha à une mort certaine les forces vives du parti et toute la jeunesse républicaine de Paris accourue aux funérailles de Victor Noir. Si Em. Ollivier et Chevandier de Valdrôme avaient réussi alors à faire une nouvelle édition sanglante du 2 décembre, à tous nos malheurs aujourd'hui s'ajouterait encore la honte d'avoir à subir Napoléon III et son gouvernement détesté, et comme les réprouvés de Dante, précipités dans les enfers, nous n'aurions même plus l'espérance.

Le Corps législatif, irrité autant que son maître d'un pareil mécompte, se vengea en accordant à Emile Ollivier l'autorisation d'arrêter et de mettre en prison le jeune député de la Seine. Le procès du prince Pierre suivit de près. La partialité de la cour et du procureur général Grandperret furent un véritable scandale, et l'acquittement pur et simple de Pierre Bonaparte, malgré les efforts éloquents de Me Laurier, provoqua dans la France entière une colère et un mécontentement légitimes.

CHAPITRE XII

LE PLÉBISCITE — LA DÉCLARATION DE GUERRE — SEDAN

Parmi les événements considérables qui signalèrent la fin du dernier règne, il importe de ne pas oublier la grève du Creuzot, qui suivit de près l'enterrement de Victor Noir.

L'empire voyant la bourgeoisie s'éloigner de lui de plus en plus, avait essayé de s'attacher les ouvriers en leur accordant le droit de coalition et de grève. Sur les conseils de M. de Morny, Emile Ollivier avait été le rapporteur de cette loi, qui n'était au fond qu'un leurre et un véritable piége, puisqu'en accordant aux travailleurs le droit de se mettre en grève, elle leur refusait la liberté d'association.

D'autre part, les répressions sanglantes d'Aubin et de Ricamarie prouvaient bientôt le peu de foi qu'il fallait ajouter aux velléités socialistes du gouvernement de Décembre. Le refus de M. Schneider, l'impopulaire président du Corps législatif, d'accorder aux mineurs la gestion de leur caisse de secours, détermina la grève du Creuzot. Au lieu de faire droit à cette réclamation justement fondée, M. Schneider, qui ne connaissait que le droit de la Force, préféra faire venir d'Autun plusieurs régiments et procéder aux arrestations.

Malgré les procès, malgré les emprisonnements

qu'il prodiguait aux républicains, l'empereur, qui ne croyait pas son trône suffisamment consolidé, résolut de faire un nouvel appel au peuple, et de lui demander, par oui ou par non, s'il consentait à lui confirmer les pouvoirs qu'il détenait depuis le coup d'Etat : d'où le plébiscite du mois de mai 1870.

La question fut posée avec tant de mauvaise foi et d'obscurité que beaucoup, s'imaginèrent sincèrement qu'en votant *non*, ils ne voteraient pas seulement pour le renversement de l'empire, mais encore pour la guerre civile, la guerre contre l'étranger, en un mot, pour le désordre et une perturbation générale.

La presse bonapartiste ne se fit pas faute de broder sur ce thème les élucubrations les plus fantaisistes ; tout l'arsenal de la pression officielle fut également mis en jeu : préfets et sous préfets, magistrats et juges de paix rivalisèrent de zèle. À entendre ces magistrats sans pudeur, les malhonnêtes gens seuls pouvaient refuser leur suffrage à un gouvernement qui avait ouvert pour la France une ère de gloire et de prospérité.

D'autres moyens plus coupables encore furent employés à la veille du vote pour jeter la terreur dans les classes conservatrices de la province et amener une majorité imposante de *oui*. Un ancien sergent de zouaves, vendu à la police, venait se constituer prisonnier et dénoncer l'existence d'un complot, organisé par les républicains contre la vie du chef de l'Etat. Avec de tels procédés, le résultat ne pouvait être douteux. Une nouvelle fois, malgré une cruelle expérience de dix-neuf années, la nation abdiquait entre les mains d'un seul homme tous ses pouvoirs et toutes ses libertés.

Le vieil empereur, dont le corps énervé par la débauche s'affaissait de jour en jour davantage, fut grisé par ce succès. Il ne comprit pas combien était factice la majorité qu'il avait obtenue ; il ne parut pas s'apercevoir des progrès formidables de l'opposition républicaine dans les grandes villes depuis les élections de 1869. Croyant sa dynastie à jamais assise, il n'attendait plus que l'occasion de marcher sur le Rhin, dans la pensée d'effacer par le succès de ses armes les affronts qu'il avait naguère essuyés de la Russie, de la Prusse, de l'Amérique.

Mais avant de raconter les causes qui amenèrent la déclaration de guerre, jetons un rapide coup d'œil sur l'état des relations que l'Empire entretenait avec les autres gouvernements de l'Europe et étudions les dispositions dont ils étaient animés.

L'Angleterre, dans sa politique égoïste, demeurait de plus en plus étrangère aux événements dont le continent était le théâtre depuis la guerre de Crimée. Aussi coupable que la France, elle n'avait pas élevé la voix en faveur du Danemarck opprimé, et d'un œil indifférent elle avait assisté aux agrandissements de la Prusse et aux progrès de l'unité allemande.

L'Espagne, délivrée d'Isabelle, tiraillée en tous sens par les nombreux partis monarchiques de la Péninsule, n'avait pas eu la sagesse de proclamer la République et de tous côtés cherchait un monarque. Pas plus que la Turquie, elle ne comptait dans la balance.

L'Italie, grâce au concours que la Prusse lui avait prêté, s'était entièrement affranchie du joug autrichien ; le massacre des soldats garibaldiens à Mentana avait singulièrement excité les patriotes contre nous ; quant au gouvernement de Victor-Emmanuel, il n'avait pas oublié les services que M. de Bismark lui avait rendus.

Epuisée par les guerres d'Italie et d'Allemagne, l'Autriche ne songeait qu'à guérir ses blessures, et d'ailleurs ne pardonnait pas au gouvernement français d'avoir laissé faire Sadowa

La Russie, par un traité secret, s'était étroitement unie au roi de Prusse, et en cas d'insuccès de son allié, devait marcher à son secours avec trois cent mille hommes. On le voit : par sa politique agressive, ambitieuse et hypocrite, Napoléon III avait fait le vide autour de lui, et dans les souverains de l'Europe entière ne devait, au jour du danger, rencontrer que des indifférents ou des ennemis. Même au-delà de l'Océan, par sa fatale immixtion dans les affaires du Mexique, il s'était aliéné les Etats-Unis, jadis si sympathiques à la France.

Ce tableau nous prouvant jusqu'à l'évidence qu'il ne devait compter que sur ses propres forces, on devait croire qu'il n'avait rien négligé pour les rendre formidables et capables de soutenir la lutte contre son puissant voisin.

Il n'en était rien, et ce qui le rend absolument impardonnable, c'est que depuis longtemps le baron Stoffel, attaché militaire à l'ambassade de Berlin, l'avait admirablement renseigné sur les armements considérables de la Prusse. Quelles raisons avaient donc pu l'amener à jouer une partie si terrible avec des chances aussi inégales, des forces aussi disproportionnées ? Nous l'avons dit déjà : bien que l'empereur, fatigué, usé, se reposât depuis longtemps sur des ministres incapables du poids des affaires, il avait vu avec une impatience jalouse les agrandissements de la Prusse et la réalisation de l'unité allemande. L'Empire n'avait plus le même prestige, le même éclat qu'au temps des guerres de Crimée et d'Italie ; l'expédition du Mexique, brusquement arrêtée sur un signe, gros de menaces, de la République américaine, lui avait porté un coup dont il voulait détruire l'effet désastreux en conquérant les bords du Rhin. Le jeune Louis pourrait alors s'asseoir sur un trône devenu aussi redoutable à l'étranger qu'il était odieux à l'intérieur.

Le désordre des finances, le gaspillage des deniers publics, l'accaparement à son profit de la Caisse de Dotation de l'armée eurent également une influence puissante sur la résolution définitive de Napoléon III. Il avait puisé sans scrupule dans le budget affecté au ministère de la guerre ; il avait prudemment placé sur les fonds étrangers l'argent destiné à l'entretien, à l'approvisionnement de nos arsenaux. Le déficit immense qui devait tôt ou tard se découvrir, aurait été mis sur le compte des dépenses occasionnées par la guerre, et tout aurait été pour le mieux dans le meilleur des empires.

Il trouva dans la candidature d'un prince de Hohenzollern au trône d'Espagne, mise en avant par M. de Bismark, le prétexte qu'il cherchait depuis long-temps. Animé d'un fol orgueil et convaincu qu'il entrerait triomphant à Berlin le 15 août, il se jeta tête baissée dans le piége grossier qui lui etait tendu.

En vain, le prince de Hohenzollern déclare publiquement renoncer au trône qui lui est offert, Bonaparte, dans un entêtement stupide, exige des excuses formelles du roi Guillaume : celui-ci, blessé dans sa dignité, s'y refuse. Qu'avait-il d'ailleurs à redouter ? Depuis Sadowa, dans la crainte d'une agression de la part de la France, sous l'active direction de Bismark et de de Moltke, des préparatifs considérables avaient été faits, des ressources immenses accumulées. L'organisation prussienne était admirable : des généraux du plus grand mérite, dont plusieurs stratégistes remarquables, commandaient une armée magnifiquement disciplinée, et qui devait être invincible : car elle ne se battait point pour obéir aux caprices d'un tyran fou furieux, mais pour défendre son indépendance, sa nationalité et ses foyers injustement attaqués.

Leur état-major était composé d'officiers d'élite ; instruits dans l'art de la grande guerre alors que nous n'avions que des généraux de salon comme les de Failly, les Frossard, ou des généraux qui n'avaient jamais fait que la guerre de Kabylie ou des rues comme Canrobert et bien d'autres. Ils avaient encore pour eux un service d'intendance admirablement réglé, alors que nos régiments devaient manquer de tout, malgré la pompeuse déclaration de l'inepte Lebœuf. Ajoutons que les Prussiens pouvaient mettre en ligne douze cent mille hommes quand nous n'avions à leur en opposer que deux cent cinquante mille.

Notre diplomatie, devenue depuis l'Empire la risée du monde entier par sa vanité prétentieuse autant que par son incapacité, était représentée à Berlin par M. Benedetti, homme d'une nullité rare que M. de Bismark avait endormi dans une fausse sécurité. Il n'eut pas vent du danger terrible qui nous menaçait et ne fit rien pour le conjurer. Le baron Stoffel avait

vu clair ; mais la cour des Tuileries n'avait pas même
pris la peine de lire ses rapports.

A Paris, l'opinion publique avait été odieusement
faussée : alors que le vrai peuple ne voulait que le
maintien de la paix et demeurait étranger à toute
manifestation guerrière, sachant bien que la guerre
même la plus heureuse n'engendre que ruines et désordre, chaque soir, des bandes d'agents de police, déguisés en bourgeois et en ouvriers, parcouraient tu-
multueusement les rues de la ville, criant : Vive la
guerre ! à Berlin ! Et la guerre alors n'était pas
encore déclarée. Malheur aux esprits sages, clair-
voyants, qui voulaient résister à ce torrent fangeux :
on les insultait, on les maltraitait : c'étaient des Prussiens.

Au Corps législatif, même bassesse et même engoue-
ment. M. Thiers, éclairé par son patriotisme, osa
résister à l'entraînement général. En vain il adjurait
les ministres d'y regarder à deux fois avant de nous
lancer dans une entreprise aussi périlleuse ; en vain
montrait-il à ses collègues la ruine de la France
imminente, à la place de tant de gloire promise : ce
fut peine perdue ; il parlait à des gens qui ne voulaient pas entendre. M. Émile Ollivier, que l'histoire
ne jugera jamais assez sévèrement pour sa funeste
participation à ces événements à jamais déplorables,
vint à la tribune déclarer qu'après les provocations
de la Prusse, faire la guerre était un devoir, et que
d'un *cœur léger* il en acceptait toutes les conséquences. Parole odieuse, infâme, et qui doit clouer à jamais au pilori de l'histoire celui qui l'a prononcée.

C'était d'ailleurs un mensonge : le provocateur, il
faut bien le reconnaître, avait été le gouvernement
français : les autres nations ne s'y trompèrent point.

La guerre déclarée, l'empereur, qui a pris le commandement suprême avec Lebœuf comme major-gé-
néral, divise ses troupes en une infinité de petits corps
qui ne peuvent se prêter l'un à l'autre aucun secours ;
il les isole tous comme s'il eût prémédité leur destruc-
tion, leur anéantissement.

Faut-il s'appesantir sur nos désastres, Wissembourg,

Reischoffen, Forbach, Sedan ! plaies dont nos cœurs saignent encore !

Longtemps on nous dissimula la triste vérité. Nos défaites, l'impératrice régente, Palikao et Trochu, trinité à jamais maudite, les changeaient en victoires.

Un jour (pourrons-nous oublier jamais les émotions poignantes par lesquelles nous avons passé ?) 80,000 Prussiens s'étaient rendus prisonniers avec le meilleur de leur généraux, le prince Frédéric-Charles ; une autre fois, nous avions englouti toute l'armée prussienne dans les carrières de Jomont.

La triste débâcle de Sedan, où plus de cent mille Français furent livrés à nos vainqueurs, mit le comble à l'exaspération du peuple indigné. Le 4 septembre, la régente et Palikao prenaient honteusement la fuite, et Paris, rendu à lui-même, respirant enfin pour la première fois après une nuit de vingt années, acclamait la République à l'hôtel de ville.

CHAPITRE XIII

RÉSUMÉ DE L'HISTOIRE DE NAPOLÉON III

Pour résumer en quelques lignes cette vie toute de hontes et de crimes, j'emprunte les paroles d'Alceste :

« Hôte du pape, il suscite une révolution à Forli contre son bienfaiteur. Il tente plus tard l'échauffourée ridicule de Strasbourg et l'échauffourée grotesque de Boulogne. Il prête serment de fidélité à la République et viole ce serment comme vous savez. Il avilit l'armée qui se saoûle et assassine dans les rues de Paris. Il avilit la magistrature qui s'incline devant lui. Il prend l'engagement de maintenir la paix et fait la guerre à la Russie, à l'Autriche, fait la guerre en Chine, au Japon, au Mexique, la guerre pour lui, jamais pour la France. Enfin, il fait la guerre à la Prusse dans les conditions qui vous sont connues. »

J'ajoute : Il ne sut même pas mourir à Sedan, cet empereur abâtardi, quand sa mort peut-être eût sauvé la moitié de l'armée !

CHAPITRE XIV

CONCLUSION

Après nous avoir tenus pendant tant d'années sous un joug de fer, que laisse derrière lui ce gouvernement tombé dans la boue, sans qu'aucun de ceux qu'il avait gorgés de faveurs et d'or ait versé pour le défendre une seule goutte de sang? Il nous laisse des ruines, le tiers de nos départements ravagés, pillés, envahis, cinq milliards à payer à la Prusse! Il nous coûte la Lorraine et l'Alsace, nos deux provinces les plus riches et les plus véritablement françaises!...

« Malheur aux nations qui se laissent mutiler de la meilleure partie d'elles-mêmes! Elles peuvent être condamnées à une longue enfance et à une tutelle plus longue encore, » a dit un de nos grands penseurs, M. Edgard Quinet.

Voulons-nous faire mentir cette sombre prophétie, et redevenir la généreuse et vaillante nation autrefois respectée de l'Europe : défions-nous de la réaction et de tous les princes disposés à faire notre bonheur malgré nous, qu'ils s'appellent Chambord, d'Orléans ou Bonaparte. La prétendue félicité qu'ils nous promettent nous conduirait à de nouveaux abîmes.

Que la République soit la forme définitive de notre gouvernement : non la République des égoïstes incapables qui ont nom Ernest Picard, Jules Ferry, Jules Simon, Jules Favre, mais une République ayant à sa tête des hommes droits, pratiques, intelligents, en un mot, dévoués au bien public. — Une République qui cicatrise nos blessures en introduisant dans les finances un contrôle sévère et une sage économie; une République qui garantisse réellement les grands principes de 89 tous renfermés dans ces trois mots : Liberté, Egalité, Fraternité.

Ce gouvernement, qui répond aux aspirations de tous les peuples émancipés, encore un peu de persévérance et nous l'aurons conquis. Encore quelques efforts, et la République en France est à jamais fondée!

Paris, le 21 août 1871.

TABLE DES MATIÈRES